Un hambre antigua

JESÚS J. BARQUET
Un hambre antigua

bokeh *

© Jesús J. Barquet, 2025

© Fotografía de cubierta: W Pérez Cino, 2025

© Bokeh, 2025
Gainesville, FL
www.bokehpress.com

ISBN 978-1-966932-10-9
Bokeh es un sello editorial asociado a Almenara Press

un ser enemistado. Un hambre antigua.

Juan Gil-Albert

Aviso

Detén el paso, caminante, y goza aquí
de mis últimos versos.

Tras escuchar ayer que la Tierra
no será habitable por los humanos
dentro de mil setecientos cincuenta
millones de años —y no se referían
al previsto Armagedón ni a las usuales
inclemencias del clima
sino al vaticinio científico de doce
     respetabilísimos
        astrónomos ingleses—,
               es decir,
como al parecer nada ni nadie me garantiza
un relevo infinito de lectores,
he decidido no malgastar más mi tiempo
ya bastante escaso, escribiendo
estos amagos ebrios de eternidad que son
la poesía.

No temas, caminante, ven y goza aquí
de mis últimos versos. Tal vez
te alivien el camino.

Las palabras,
los seres y las cosas

Mi entendimiento admira lo que entiende
y mi fe reverencia lo que ignora.

Sor Juana Inés de la Cruz

I.
Resiste en sólo imagen

Creencia

Entré donde no supe, mas sospeché que había
un pozo, un manantial, una costumbre
infantil en lo hondo atrincherada.

Por doquiera busqué desconociendo
si habría una verdad que confirmase
frente a riesgo y desvío mi creencia.

Y sin saber aún, hallé una adulta
pasión vuelta destino, un avezado
temor a proseguir con mis temores.

Junto a un faro

1.

De niños junto a un faro nos decían
que ante la oscuridad y las tormentas
los barcos precisaban de la luz
—desgajados maderos de trasiego
entre rocas y oleajes de extravío.

Hoy sabemos que éramos nosotros
quienes más se valían de esa creencia,
y cautos preferimos
que todo siga su cauce:
no indagar ni prevenir sino dejar
que incluso en contra suya
el mundo siga su cauce.

2.

En ocasiones nada es la mejor solución:
comprobar, sin más, que los días
se engarzan a una arena insistente,
que denigrados los libros
desertan de los estantes,
que prematuros los cuerpos
se avienen a la ceniza

—los ojos, al vacío—,
que se torna ilusoria la pregunta
de cuál o cuáles serían los...,
y también la respuesta de que nada
—este poema inclusive—
sea la mejor solución.

Antes de hablar

De lo que les daría
raíz a las palabras,
al sonido, al silencio,
sólo llega a esta gruta
impedida de astros
un tropel de ígneas sombras
que a la inversa traducen
la constancia de sol.

¿Debería de qué parte
ponerme antes de hablar:
de la luz allá afuera,
del eclipse aquí dentro,
de las cosas tan mudas?

Y aun sin piedra en la boca
que en la gruta me encierre...,
¡es como si la hubiera!

Hombres trabajando

Hay un poema que debo escribir hoy
y no sé aún con qué palabra empezaría.
La última (sospecho) será «olvido»
y estará sola en un verso: ella misma
sería todo el verso
si bien ceñida, por la sintaxis,
a una estrofa en que el Autor se reconozca
cansado de existir y abogue
por un vacío imposible
o el mero vaciamiento de su ser.

Sé que un cierre así —tan visto, tan gastado—
debilitará mucho al poema
a menos que resulte sorpresivo
por ser el colofón de varias frases
que sin reservas nos hablen de familias
con dobles apellidos,
de un país de vetustos mandatarios,
de las piezas multiformes de un rompecabezas
que mezcle efemérides de resonancia común,
alusiones a la cultura popular más en boga
y dos o tres vulgarismos o anglicismos al uso,
sugiriendo con ello un inmenso
apego por la vida,
                    esta vida.

Entonces el final concebido
asombrará a los lectores
al cuestionar de súbito el cuerpo cabal del poema,
como si de un tajo lo borrara,
aunque persista luego el recuerdo de lo borrado.
De ahí que sea forzoso concluir
con el vocablo «olvido» —no importa cuán
enlazado esté a las líneas anteriores—,
pero él solo en un verso,
como despidiéndose del poema
que aún no sé con qué palabra comenzó,
comenzaría.

Cuadriga

Con silencioso
cascabeleo
cruza el papel
de arriba abajo
una cuadriga
de caballos de fuego.
        A su tropel
súmase el apagado
crepitar de las llamas,
el apacible
resuello del herraje.

Cual dos espuelas,
van mis ojos oyendo
en cada letra
el cabalgar
de adeptas herraduras,
limando el resoplido
callado que las cubre,
zanjándoles la piel
—el rostro fiero—
en que sin prisa
el costillar
resiste en sólo imagen.

Imagen y desemejanza

Afín, por lo común, al animado
diálogo con mis semejantes,
decidí hoy, para variar, someterme
al vagaroso soliloquio de la Naturaleza:
neblinas y rocíos débiles, cerros esquivos,
pájaros y astros remotos, ciervos viudos,
lánguidos atardeceres, nubes borrosas, todo
frases huidizas
donde no alcanzo a acariciar más enunciados
que los de mi imaginación.

No obstante,
me obligo a disfrutar uno por uno
esos motivos que a su tenor se desviven
por insuflar su cadencia
e impregnarme de imágenes
tan diferentes a mí,
                que las contemplo
cohabitando mis sueños y vigilias
como un mediodía a punto de abrazar.

Amasijo

He aquí una vela: gentil luce
el fuego que la aqueja y le da vida.
Fue hecha para arder —gastarse en extravíos
de esperma impostergable— y de su altura
volverse un amasijo
de cómo gloriosamente se consumió.

Reincidente mi mano
acerco hacia la llama:
sé que no puedo tocarla,
sólo apenas rodearla
no como protección sino a manera
de mutua compañía.

Adversos

I.

Rastreamos las palabras, les cambiamos
el orden y el sentido: que se impongan
incluso consentimos las que vierten
su luz sobre las otras...

Y en tal lapso suceden,
ajenas a las palabras,
las cosas.

2.

Creo mirar la mañana
pero es ella quien me observa cual vecino
que yo creía reciente
y en realidad se ha pasado
la vida entera viviendo frente a mí.

Dolora

¿Qué hay de nuevo?, preguntas.
Nada, no hay nada nuevo.
Seguimos siendo los de ayer
y hasta los cambios
contantes y sonantes
acaban en taimada variación
de lo ya sido.

Lo permanente fluye, vive
de camuflarse en nosotros,
y ante cada mudanza o extravío
disfraza por piedad la savia insólita
que da ilusas razones
a la pulsión de ser.

Un ruido

Ni siquiera un sonido, basta un ruido
que provenga de lo hondo y nos despierte
con afán de enlazarnos a las cosas
que desaprendimos y existen
ajenas y a pesar de nosotros.

Basta con eso: un ruido
«capaz —como sugiere Gorostiza—
de producir un objeto» que (esperamos)
sea fiel e igual de diferente
a la sombra que el silencio impronunció.

En tropel

Es el silencio y las palabras
vienen a romperlo.
En tropel entran y sus fardos de sentido
—a la puerta alineados—
pronto cavan trinchera
ante cualquier molesta intromisión.
Al interior, todo cede
y los sonidos se adueñan del recinto
desplazando hasta el rastro que dejan
en su huida las cosas.

Si lograses irrumpir, comprenderías
lo incierto que resulta allí creer que las palabras
busquen sustituir a las cosas,
o que unas y otras se requieran entre sí:
te verías siendo tú y no ellas
quien por tal desacuerdo necesita y pretende
de manera precaria concertarlas.

Fricción

Entumecido, un rayo de luz blanca
inflama las fisuras y segrega
un puente de fricción por donde cruzan
infectos mensajeros y jinetes
sin temor de sus vidas.

Sospechamos que el puente es necesario,
obligatorios los correveidiles,
sin percibir la imagen que se aferra
a toda travesía que no sabe
curarnos en salud.

La mentira

Como avatares fluyen
las sinuosas mil algas
de la mentira
          —endebles
tablas de salvación a todo
cotidiano naufragio
que las procrea o busca
mientras no atisba
el faro pedregoso, fijo, de la verdad,
que alerta desde afuera, mas no lejos
del tenebroso mar que es el vivir.

II.
¿O es simplemente yo?

Las cosas

Las cosas se insinúan,
se esconden o se entregan
sucediéndose afines
incluso a pesar nuestro.

Y no hay mejor vocablo
para menospreciarlas
o encumbrarlas que «vida»,
mientras ellas, insomnes,
se la pasan girando
a su albedrío.

¿O es simplemente yo?

Novena

Una mañana perfecta: sol moderado, sin lluvia,
el calor justo y por momentos un vientecillo alón
incapaz de obstruir la balsámica
ejecución de mis rutinas.
Es domingo además: ninguna
entrega a domicilio, ningún
problema doméstico a resolver, nadie
debe visitarme ni sospecho de nadie
que pueda aparecérseme de improviso.

Y de repente me visto
como para recibir invitados,
pan y vino dispongo sobre la mesa, voy
hasta la puerta de entrada y la abro
de par en par, por si en la calle
un vacío hambriento de habitar deseara
amotinarse e irrumpir a manos llenas
en cada ventrículo de mi casa y del resto
de mis días.

Revuelo

Me convoca una altura que a veces
despierta en mis recónditas grutas un vértigo
de señoriales aves: águilas, cóndores, alciones...

Y sea yo que ascienda o el cielo que descienda,
de revuelo tan noble aquí sólo me es dado
nuestro breve paréntesis humano.

Espejismo

Hay días como hoy que las montañas
amanecen más altas
y las nubes más bajas
y en derredor no veo sino formas
que ante las contingencias buscan
allegarse entre sí.

Contados son esos días, pero son
y me cuentan de su afición a preservarse
de todo yerro futuro,
de los azotes del tiempo,
del avance contagioso de mi propia ceguera.

Y una vez convencido, advierto que las montañas
vuelven a ser lo que fueron; que las nubes, leales
a quien en lo alto las convoca,
retoman con desdeñosa ingravidez el vuelo;
que el mundo con sus gestos de excepción y rutina
continúa.

El juguete difícil

1. (Günter Grass)

La vejez es un niño que regresa
sin tambor de hojalata y con sus ropas
gastadas sin usar.

Hilachas de bufandas descreídas
les roban a sus ojos —le protegen—
su otrora Nuez de Adán.

2.

De la memoria como un alfiletero:
    desarmar
pieza a pieza un imberbe
juguete descarriado.

Como niños,
jugar a ser humanos:
    desmontar
el cuerpo y sus temores
por ver qué ocurrió dentro.

Y hallar sólo las vísceras
—llegar hasta las vísceras—
que hoy prescriben tus pasos.

3.

Afín a su ego,
la poesía es fuego
y jugo y juego.

Huellas

Penoso desprenderse, encontrar
a la vuelta de los años, entre tus cosas,
un manojo de llaves desconocidas
que alguna vez fueron de puertas
que abrimos y cerramos
—puertas que ya no existen
o en realidad ni existieron—,
de recintos donde crédulos residimos
mientras el polvo nos iba
emborronando las huellas.

O de puertas imposibles de cruzar,
de recintos contrarios a ser habitados:
huellas que por azar no tuvieron
que exponerse al desgaste.

Entrambos

En el lago ideal
chapotea sin peros
o en desaire naufraga
lo real.

(eco)

En el charco real
chapotea con peros
o sin aire naufraga
lo ideal.

Hábitat

1.

Sin preguntarme llegan
a mis manos algas,
a mi puerta ríos
y manantiales de luz.

Ante ellos mi cuidado
es quererme resguardar
como una perla en su concha.

2.

Nunca miraba hacia afuera:
inoportuna visita
le parecía lo ajeno.
Las puertas y las ventanas
atrancadas con recelo.

No vio cuando se introdujo
por las hendijas el sueño
del mundo que, a su pesar,
habita sin comprenderlo
—el mismo que, en contra suya,
lo habita desconociéndolo.

Fuera de mí

Afuera, es decir, fuera de mí,
los ruidos que nos llevan a las cosas,
una isla a su deriva sexagenaria,
un colibrí y un libro, el eco
amarillo y cálido del sol.

Y fuera de mí también —fuera
de mis circunstancias—, yo.

Isla

1.

Cuando te sobrevuelo, Isla,
algo me hace buscar en las arenas
distantes de la altura unas palabras
que el mar sin concesiones arrojó.

2.

Ni estas manos ni estos ojos, nada
arriesgo aquí por retenerte.
Tampoco estas palabras
que prescinden de mí como cumpliendo
una condena sin visos de absolución.

Hijo de Simón

> Lo que vas a hacer, hazlo pronto.
>
> San Juan 13:27

Del árbol lo trajeron
por mandato divino,
aún vivo o cual Jesús
resucitado.

Así, jamás su bíblica
misión vuelta destino
cesará de cumplirse
entre nosotros.

Filípica (contrarrelieve)

«Oíd, amigos, la revolución ha fracasado.
Subid las campanas de nuevo al campanario,
devolvedle la sotana al cura y al capataz el látigo»
—escribió León Felipe hace décadas sin incluir
el siguiente reverso tan familiar:

Oigan bien, camaradas, triunfó la revolución.
Suban la nueva (es un decir) insignia
al campanario (si aún no lo han quemado),
y sin dejar de aplaudir a los dirigentes de turno
véanlos en medio de la mascarada investirse
con la sotana del cura y el látigo del capataz.

Díptico de Aiglatson

Cuando canta el gallo me levanto y veo
el amanecer de mi patria.

Pablo Antonio Cuadra

1. EN CADA CUADRA UN...

Cuando despierto aquí, no cantan gallos
ni avasallan los radios de enseguida:
«No es mi patria», me digo y corroboro
que estoy donde luché por rehacer
mi vida en libertad, libre por fin
del tronco original en que esos cantos
y estruendos matinales,
sumados al acoso del Estado,
asedian sin cesar la cuadra entera.

«Tampoco es mi ciudad», susurro entredormido,
mientras nada me obstruye el rutinario
trasiego bullicioso de unos sueños
que habitan mi terruño noche a noche,
a la orilla del cuerpo, en la apacible
complicidad actual de mi vecinería.

2. Habanera, 2020

Pasan los meses, los años, las décadas,
hubo hasta el cambio tumultuoso y falsamente
esperanzador del siglo y aquí estamos,
pretendiendo olvidarte de tan lejos.

Pasan —se alternan entre sí— las circunstancias,
los sentimientos adversos, el desgano,
tus abruptas visiones en la tele,
en los espejos profundos por tan lejos.

Pasa, dejándose vivir, la vida alrededor
y, sin que la percibamos, muy dentro, cual salitre
que sabe oxidarnos los ojos
fijos siempre en el mar, ahora tan lejos.

Pasan también día tras día por el jardín
los pájaros, al parecer ingenuos en sus trinos
y requiebros que juzgamos caprichosos,
cuando en verdad son intentos de tregua
en su continuo vuelo, cada vez más lejos.

Pasan, todo pasa, mientras nosotros
—mariposas al tiempo alfilereadas—
aquí estamos.

Revolución (1959…)

1.

Tranca la reja del prado
y que el rebaño apaciente
                su nulidad:

que callejee sin reparo
por el terruño carente
                de voluntad.

Y esparce tu zurdo embriago
sobre la bella durmiente:
                la Libertad.

2.

Esconde afuera
lacia ciruela pasa
su viejo oxímoron.

No fiel si castra:
zancadas de fanfarria
y sinrazón.

¡Cuánto le cuesta
a todo verdeolivo
su extremaunción!

3. (BRULL, ELISEO)

    R por R
«Por el verde» verdeolivo
me fui de Mundodormido
y en Verdeolvido me estoy,
no sabiendo si algún día
vivos, muertos, dentro, fuera,
con lo poco que nos queda
lo aprendamos a decir: la...
    R por R
    República.

Labrador
(en una cárcel de Guanabo, circa 1970)

Tal el mío, tu Nombre
amaneció en la celda
como sólida luz:
solitario en la roca
lo labraron las uñas
de mi insomnio.

Una infecta humedad
corroyendo el afuera,
dentro un mar en reposo:
contra las tempestades
tu Nombre aplacó indignas
delaciones.

Cuanto más embestía
la injuria reclamando
engullirme,
yo menos frágil leño
me volví con tu Nombre
de mis uñas nacido.

Luego, fue ya esperar,
como buen labrador,
lo que fuera.

Alertas

1.

Tras la tormenta
no quedan flores.
Y aun así habrá cosecha.

2.

Puedes limpiar el campo, ararlo
y con largueza
esparcir las semillas.
Puedes regarlo y librarlo
de malas yerbas, borrascas
arrasadoras y plagas de insectos.

Sólo eso te fue dado:
ni por azar aspires al enigma
de la germinación.
Se acabaría el asombro: los comercios
intrépidos de vida.

3.

Confían en que hay siempre
un alba por venir y algún pistilo
abriendo en alianza al aire su fruto,

y que es deber de otros
cumplir con las gravosas
tareas de zapa.

Soy él

No sé, pero qué raras
señas me hace aquel hombre desde la playa...

Manotadas al viento, sus brazos
como aspas de un cielo al que enraizarse;
el limo fantasmal de su cuerpo
en la arena confundiéndose;
a sus espaldas un mar donde conversan
no sé cuántos horcones
salvados del naufragio, mientras escribe
de pie «Soy él» cual si anunciara
bajo las llamas su pírrica victoria:
creer infantilmente en la inocencia.

El arco de su índice y pulgar algo me advierte:
ejércitos fragantes que van al sacrificio,
dioses que eligen no acudir, ahogados
que abogan en lo oscuro, o un mástil
que renunció a zarpar cuando la luz
le reveló su santo y seña (y qué gestos
tan raros haciéndome desde la playa):
　　　　ser agua y ahogarse,
　　　ser fuego y quemarse,
　　ser tierra y enterrarse,

ser aire y esparcirse
entre raíces y ráfagas que arrecian
las húmedas hogueras.

Pero, ¿por qué
se dirige ese hombre a mí, que no comprendo,
y gesticula de modo tan extraño?
Y, ¿por qué desde la playa?

III.
Escribirlas no basta

De paso

Sobrevolando —pues mis pies no sabrían
sujetarme a la fiebre de mar que se vislumbra,
o porque avanzo hacia atrás
cuando la luz procrea espejismos y secuelas—
voy en busca de hoteles donde las mucamas
que esquivaron Mondrian y Vasarely
arreglan con destreza su mundo de ocho horas
con motivos que fueron incultos animales
—no arácnidos ni sierpes, sino arañas, serpientes—
y anfitriones morunos de mirada
sigilosa y profunda convidándome a entrar.

Inatenciones

1.

Como figuras vagando sobre mí sin decirme
la caverna luminosa de donde provienen,
la visión que las pulsa, la música que habitan,
el asombro infantil que las convoca,
la prisa que las quiere apresar antes que escapen,
el intruso Matisse que las dibuja
y el torso innumerable al que se abrazan,
van desatentas las palabras conmigo
mientras yo voy atento
                              únicamente a ellas.

2.

Escribirlas no basta:
hay que coserlas
con renovados
hilo, aguja y pespunte
a las pieles del tiempo.

Trinidad

1.

No hay luna
ni nubarrones ni estrellas.
Para un retrato nocturno posa
desnudo en sonámbula audición el cielo,
desatento a mis voces.

Quisiera verse pintado
cual legendario Mar Tirreno,
capaz aún de humanas sagas,
vientos audaces y cruentas mitologías.

No llega a sospechar
que sólo está siendo escrito
y que para amanecer
mañana aquí sus cinco letras
ni siquiera necesito que exista.

2.

Tal vez sea yo quien no sepa
que al dorso de estas estrofas
alguien ya lo pintó
sea por complacerlo o en resguardo
de sus penas.

Catorce versos dicen

Nada que borbotee, nada que se asemeje
a un chapucero pespunte
y se deshaga o deshoje
de nomeolvides sobre el papel.

Nada que no alumbre o deslumbre
pues abruma en la penumbra
ensombrecer y en los hombros,
cual Atlas, cargar el universo.

Nada, y que salpique anegada
esa negación que se afirma
al devolver su mañoso
inventario de entuertos.

Nada, ni un verso
y, menos aún, su reverso: mi anverso.

De poética

1.

Desnuda y ataviada,
pura e impura,
coloquial y culta y popular
y hasta hermética,
en verso libre y con metro y rima
total y parcial, en prosa incluso,
sin renunciar a ninguno de sus gestos,
forjando a martillo y pincel
cada palabra y las pausas entre ellas,
viene y va todavía como un árbol
sin otro afán que sus ramas
—desiguales, fecundas—
para volar.

2.

Pura, sin
historia ni herencia, sin
hogar ni burdel en donde pernoctar,
despojada del equívoco atavío
señorial, sin kimono ni toga, sin
cremas ni gafas para el sol.

Desnuda (como debió, según ella,
de haber venido al mundo)
se presentó ante nosotros, reacia
a los placeres mundanos,
al hombre y la política,
a la mujer y sus velos.

                         Incorruptible,
hablaba de sí misma con vocablos
nunca oídos, con un ritmo
que fingía, sin entusiasmo, ser interior:
nada del fervor quinceañero,
de los entresijos que atizan el deseo,
de la duda afiliada tenuemente a una fe.

Ganó al principio mi asombro.
Después, si acaso, una flácida
y acorde compasión.

De soslayo

De jóvenes
nos gustaba traerle vino y cerveza,
llamarla «Muesca» sin saber a qué
nos referíamos, arrebatarle
los dados y las cartas de la mano,
trampas hacerle y preguntas indiscretas
que nunca respondía.

A deshoras,
la sacábamos del lecho para que
    vagabundeara desnuda por las calles,
o disfrazada de ella misma se fuera
    a bailar a los clubes de moda
hasta caer rendida
y poder olvidarla nosotros
al menos por un tiempo.

Creíamos
que nuestra sola intención era el descuido
de vivir al descuido.
             Hoy creemos
que fue la temprana intuición
de vivir de soslayo.

Cuídate, flor

¡Goza, flor, sin nadie
que te cante!

Bien saben los lectores
—tu ser se debe a esos
intérpretes devotos—
que más altura alcanzas
si te canta un poeta.

Pero cuídate, flor, de tus poetas
y de las flores que, mendigando sus rimas,
los aplauden.
Cuídate hasta de ti,
pues tras «capullo virginal» y «gentil rosa»
acecha en los cantores
el placer de arrancarte,
y en tus pares la mórbida fruición
de saberse arrancados.

Y escapa de todo aquí, flor,
al final del poema.

E.P.D.

Feliz fuiste y no árbol
ni libro ni hijo
acá dejaste.

No obstante, les cantabas
siempre la misma
canción de cuna
a las raíces
de un improbable mundo
por escribir.

Ser, haber sido e irse
sin dejar huella
de lo engendrado.

Fortuna

Ajeno a los extremos,
le gusta disponer de las tardes
como interludio del día.

En ellas
lo orienta el sol: los relojes
de la sala y el cuarto
siempre andan muy lejos
de sus ojos que incrédulos
sólo van a escribir lo que ven
bajo luz natural
        —si esta falta, se apaga
su mirada también.

Por fortuna, hoy sus ojos dejaron
un manojo de versos
con que eludir los contornos del día
hasta mañana en la tarde...

IV.
Buscando donde anclar

Una vez fuera

Concertaron un verano, me pusieron
sobre la casa el sol, un viento virgen
batiendo en la ventana, un falso asombro
de mar ante los ojos, con este aviso:
«Disfruta a puerta cerrada la estación.
Escribirás dos o tres frases —no más— en el espejo
del baño. Harás que la humedad las borre,
que los escombros del tiempo te arrastren
en remolino, que la noche silencie la claridad
y que el sueño —el sueño de ti mismo— te venza.
Es tu hora».

Comencé a imaginarme insensateces:
ser uno o los otros, colmar
el lenguaje y las cosas con antojadizas
construcciones de arena,
reincidir en mis culpas y volverme el abate
de mi propio evangelio —hasta hincado
me la pasaba moviendo deseoso los labios
para que surgiera en ellos inédito
un nombre que invocar—.
No recuerdo cuánto más avisté
antes de recoger mis bártulos e irme
a sabiendas de que no habría regreso.

Una vez fuera,
vi que me aguardaban los heraldos del barrio
y no para anunciarme sino para pedirme
que demorara esta estrofa,
por si a última hora acudía
del interior algún verso a contrariar
tan desabrido concierto sin labios ni credo
ni conversión ni esbozo
                    de veleidosas palabras.

Mis ojos

1.

El ojo, ¿qué ve?
¿Qué busca en lo que ve?
¿Qué no ve cuando busca?
Y cuando no busca, ¿ve?

2.

Mis ojos saben que me pertenecen,
que en sus miradas soy yo quien se insinúa,
que de sus lances soy yo quien se aprovecha,
que si acarician soy yo a quien satisfacen,
que el responsable soy yo de sus caídas,
de cada lágrima y de sus livianos
postigos como erectos centinelas
que escoltan lo visible y lo invisible
hasta el altar donde yo les pertenezco.

3.

Sin cegarnos, se detiene
visionaria la mirada
en un punto ciego.

Cegueras

Según Filonov, son dos:
el ojo que ve y el ojo que sabe.
Así en teoría observamos
al ojo que no ve pero sabe
y al que no sabe aunque ve.

En la praxis son más vistos
el ojo que no ve ni sabe
y el que sí sabe y ve
y aun así,
como Matiushin a Stalin,
Warhol a Mao Tse-tung
y Pablo Neruda a ambos,
los pinta,
        les canta.

Con sus miras, otro ojo
se vislumbra: el que no quiere
saber ni ver...
        ¿O son todos ellos uno
y para bien o mal lo asedian
las circunstancias?

El ciego

Sin poder ver, he vagado por caminos de virtud
—me advierten— sin haberla yo reconocido.

Cuerpos esbeltos, dotados
de heroicos atributos, me hicieron
lecho en sus lechos —recalcan— y yo los desdeñé.

Medallas, premios, tesoros
de legendarios reinos nunca vistos
fueron puestos a mis pies varias veces —afirman—
y al rechazarlos a muchos ofendí.

Altos mandos, liceos, ilustres ministerios
aún insisten en darme una silla de honor —alegan—
y con razón les digo que no soy yo el indicado,
que soy apátrida y ciego y sin cultura para esquivar
los escollos donde encalla la humanidad.

Crónica
(I Crónicas 29:12-16)

Honrada por tus dones, una sombra
—no un reflejo— errática de luz
es nuestro cuerpo
en el torno espejeante de la Tierra:
cuenco de arcilla en el barro
ilusorio
que moldea la espera día tras día,
ánfora
que en cualquier estancia cree hallar
a su primero y ojalá que último anfitrión.

Huéspedes de paso,
      de ti vinimos
y a ti desde tus manos en vaivén
      regresaremos.

Sombras

1.

¿Recuerdas si buscabas, sombra,
y qué buscabas?
¿O eras mudo extravío
del cuerpo al que obligarte?

2.

Mira la sombra
bajar por la pendiente:
huyendo va del cuerpo
que la gestó.

Ser esclava no quiere
sino su propia dueña,
y encontrar un camino
de cara al sol.

Pendiente que define,
cuerpo que vilifica,
sombra que no ensombrece
por su fulgor.

3.

Para recreo de otros
andamos mi sombra y yo
separados, por el mundo.

Igual de absuelto, el vacío
que el tiempo instala en los dos:
si bien distantes, muy juntos.

4.

¡Cuánta imprudencia
la de esa sombra
que vaga exangüe
desatendiendo
mi cuerpo de hoy!

5.

Mi dilatada sombra me pide que la siga,
que habremos de confrontar
        muros de contención,
que no desespere ni renuncie
        a ser uno los dos.

Árbol

1.

De mínima semilla a dueño
más absoluto del paisaje,
crece solitario y da sombra
sin preguntar ni exigir nada.

De noche,
erguido ante lo oscuro reflexiona:
«Te vuelves sal si insistes hacia atrás;
polvo, si aplazas lo adelante».

2.

Cada vez que del árbol
sale volando un pájaro
que se pierde a lo lejos,
fecúndase la rama
flexible
que lo incitó.

Bienaventurados sean
el verdeazul del follaje
que se desvela
y los retoños del nido

que el día menos pensado
se esparcirá.

3.

De qué árbol viene, no sé.
Apenas reconozco el aroma
y el vuelo.

Vuelo

Irrenunciable cuando no atraída,
te posaste en mi mano
vacía.
Te dejé contemplarme
—interrogarme—
con tus ojos
alertas y curiosos.

¿Qué esperabas de mí:
acaso una afición
que te incluyera,
o un vuelo igual al tuyo
decidido
buscando donde anclar?

Incapaz fui de entender
o de intuir:
como un cielo estancado
me atrajo tu silencio
de preguntas con alas.

Sabía que era inútil demorarte
incluso blandamente
entre mis dedos,

que era más cruel por imprevista
tu presencia.

¡Si, arisca a mis razones,
quizás por mi callada
respuesta o desvarío
permanecieras...!

Me atreví: dije Dios
y huiste como el ciervo,
prudente y pasajera.

El ser humano

1.

Pretender definirlo con un verso
podría resultar vago y escaso.
Dos o más versos
comenzarían a justificarlo.

2.

¿Será que se ha dormido
y sueña que está solo?
¿O que está solo y quiere
soñar que se ha dormido?

La verdad

Por un paraje, al descubierto, transita
con sus pasos de barro
                    la verdad.
Sin poder reconocerla, todos
la ven pasar cabizbaja, soñolienta: no saben
o no recuerdan su nombre, y aquellos
más enterados o audaces confunden
a plena luz su cuerpo con sus sombras.

Tampoco hace nada la verdad
                    para que la reconozcan.
Harta de hablar, hasta en sus prendas
revela una grisura,
un irresuelto desgarro, un derrumbamiento,
y ni levanta de la tierra los ojos
para advertirnos:
                    tal vez
lo crea innecesario y prefiera
sola cuidar de sus pasos, no caer, encontrar
de yerro en yerro una forma
creíble de arraigarse.

v.

Irrespuestas

Uno

Preguntar —querer saber— sin temor
a tener que dar yo las respuestas.

*

No una respuesta, preguntas
que sin avalarnos hacen
más llevadera la existencia.

*

Deambular entre sonidos que muy poco aseveran
y truecan en espuma lírica lo significado.
Y sucedernos allí como un espejo
cuyo aliento nos nubla más todavía.

*

Sin confirmar nada y dándole
a toda pregunta innúmeros rodeos,
la muerte se contenta y nos deja proseguir.

*

El desatino de meter vivo
mi cuerpo en un costal
y no tener dónde arrojarlo.

*

Saber, el hambre
de saber:
por el desierto
—por el destierro—
su caravana
sin agua ni árbol
a cuya sombra
descansar.

*

Si supiera,
ya más no escribiría.

Dos

Arribar al asombro
en que, desaprendidos,
los saberes y quereres regresan
como intuición.

*

La verdad absoluta del que afirma
que la verdad es siempre relativa.

*

La nieve: en la cima de la montaña.
Lo caído: en uno y otro escalón.
Y treinta monedas que preludian
el pan y el vino.

*

No renunciaré a mis preguntas
ni a tu respuesta.
Tu respuesta no anula mis preguntas:
mis preguntas incluyen tu respuesta.

*

En verdad no sabemos
lo que llevó a crearte;
sí los impulsos y actos
que buscan derribarte.

*

Que no cese tu rito, el convertir
tu cuerpo y sangre
en vino terrenal, en pan casero.
Tal el amor con sus cortezas
y humedades.

*

De innombrado a tener
sabe Dios cuántos nombres.
Y en cada uno, indiviso,
nombrarse lo innombrable.

*

Bienaventurados los que erigen
dioses más altos que sus propias creencias.

*

Encontrarme
no me fue necesario:
nunca me creí perdido.

Hallarte sí,
aunque no estuvieras perdido
ni te me hubieras perdido.

*

De vuelta de su oficio, el Alfarero
sabe, como una madre,
que ni amante ni amigo ofrece
cuenco mejor que el suyo.

*

Si quieres ver la nieve,
ve donde nunca la haya
—donde nunca se halla.

Tres

Cuando «patria» y «yo» no éramos
dos palabras tan solas
porque estábamos allá,
donde habita mi sombra.
        Patria decir:
cuerpo sin luz, silueta
sin abrigo.

*

No prisión y sí vigilia
la de esa sombra en la luz,
de allí a mi cuerpo se afilia
como otro Cristo a su cruz:
callarnos la debilita,
decirla la resucita.

*

La Habana espera, me espera —quiero creer—
y sueña con un salto mortal renacedor:
olas rompiéndose de embriaguez en el aire,
nubes como atalayas, vellocino, meteoro
de libertario gravitar,
mientras se engruesa la espera —quiero creer—,
la vana espera.

*

Volvamos, que los pies azuzan
y el camino se cansa de esperar:
indolente la lluvia acabará borrándolo
y cerrándose la puerta natural.

*

Todo se apagará en la memoria:
nada recordarás, ni el olvido
de lo que se creyó inolvidable.

*

Aun sabiendo, pregunto
qué fue, dardo del tiempo, qué somos,
cuánto desapareció.
Y remachando un herrumbroso clavo,
digo que sería aquí menor la soledad
si fuese allá mayor la libertad.

*

Constitución, leyes, derechos, elecciones:
tanto la forma que tendrá la casa
como el estilo variopinto en que prefiera
cada cual habitarla o no habitarla.

*

Si tras pagar los consabidos platos rotos
llegaran a un acuerdo en paz nuestros poetas,
espero que no sea el fuego quien se encargue
—como en Telgte, según Grass—
de poner punto final.

Cuatro

Es el instante febril, eléctrico más bien,
inalámbrica a sus luces la respiración,
cuando un cerco de nieve a mis ojos
me hace ver y escribir lo que veo
con el solo uso de un hacendoso teclado:

> No pertenezco más
> que a los haces de luz
> que proyectan mi cuerpo
> —brazos, rostro, caricias,
> fiebres, alientos, lágrimas,
> aromas y susurros
> aleatorios y anárquicos—,
> sin admitir concepto
> ni astuto silogismo
> que me haga enceguecer.

*

Enceguecer: enmudecer: perder
la vista, el habla: trasgredir
las prebendas de la razón: callar
cuando se puede hablar.

* (VALÉRY)

Cuando hablar se convierte en desperdicio
y callarse por «cordura y firmeza»
          no conlleva aprobación,
escuchar resulta más elocuente
al asumir el silencio: un silencio
          de palomas picoteando.

*

Es lo no dicho, lo que queda
pendiente de las ramas más flexibles,
sin temor a caer en el olvido
de sí mismo y hasta de las palabras
que nadie pronunció.

*

Algo que incite: un puente,
aunque recele
de lo que unió.

Algo que de mi sombra
caída absorba
un haz de sol.

*

Ser en la luz no garantiza
ni siquiera una sombra.

*

Obligado a mi cuerpo,
te envidio, sombra, cuando al mediodía
y yo en ti medio oculto, te liberas
del mundo y sus motivos,
y juiciosa, aun de mí, desapareces.

*

¡Cuánta yerma tristeza
provoca ver —y siente—
un puente mutilado!

*

De noche cuando duermo
todo son trenes
pasando por mi sueño.

Y si despierto,
me sobreviene un humo
instándome por dentro.

*

En el alero veo a los pájaros
creerse sus ganas de volar.

Y a mis pies veo mis alas
de vuelta
—devueltas.

VI.
Sé mi huésped

Piel adentro

Vuelve el amor y no alcanza
mi voz a prevenirme.
Regresa el desvarío (esas venas
fuera de sí que descuidan
mi cuerpo sobre el tuyo), el no saber
cuánta savia va pulsando piel adentro,
cuánto abasto de arroz para los meses fríos,
para la siembra o cocción.
     Y hago memoria: ¡Sea
   el principio, sean
  la mañana y la tarde
de nuevo!

Alarmas

Hay para ti en mi prisa, detenido,
un sitio donde amar:

De tu abril a mi otoño hay caravanas
de montañas por cruzar,
de mi otoño a tu abril hay no sé cuánta
mercancía a intercambiar,
de tu abril a mi otoño hay las palabras
que debemos recrear,
de mi otoño a tu abril hay las estancias
que te animes a ocupar,
de tu abril a mi otoño hay las alarmas
que sepamos detonar.

Hay en los dos, en fin, el consabido
juguete para armar.

(para C)

Castigo

Dejo caer un manto sobre tu piel
y es la noche afuera:
aguas negras, filigranas vacías,
fiebre de batracios ralos iniciando
un foxtrot de yerba y algas.

Te auguro un largo viaje
por perentorio túnel sin mí,
donde permanecerás varias horas.
Mejor no acompañarte: prefiero
trazar a distancia en un adepto pizarrón
los movimientos de tentación o delirio
que oculten o delaten tus piernas.
O tus manos cuando intenten atrapar
en pleno vuelo un alción o tal vez un albatros.

Escribo con mis tizas viejas
rastros, letras
que la experiencia y no la razón convoca.
Signos son (imagino) de una lengua heredada
que con empeño registro
porque te veo ser y deshacer debajo de mi manto,
te veo fiel e infiel, alegre y abatido,
a oscuras en tu propia luz iluminado:

mueves una rodilla y un codo, arqueas
más los pies y los hombros, apuntas
con un dedo sagaz
a tus verdugos. Así te inscribo.

Concluye entonces la sesión. Satisfecho
te levanto lo que parece un castigo
y corroboro en mi pizarrón tu estructura:
una frase —una sencilla siempre, simple frase—
se anida entre fragmentos
que la fe y no la ilusión recompone
a su albedrío.
La leo en tu piel rayada, en el quemante
tatuaje que quedó a pesar tuyo:
«Yo contigo», leo que dice,
y la experiencia y la fe me la siguen
repitiendo y repitiendo
a mis antojos.

(para C)

Tus manos

el prodigio de ser en tus caricias

1.

Me llevaste a conocer la nieve —esa fría
realeza acristalada— y yo
miraba únicamente tu mano
apuntándomela.

2.

Te envié cartas sin fecha,
dedos sin anillos,
libertad sin estatuas en las que disecarte.
Ahora, en cambio,
me dispongo entero frente a ti
y como si esquilara una oveja
las manos te unjo de adicción a mi piel
en preludio a la crédula
resurrección de la carne.

3.

Hechas a la dura
labranza madrugadora, tus manos
siento y contemplo abastecerme sin prisa
desde tu bronceado campo de mieses.

4.

Ayer cuando llegaste
nos empezó a llover a manos llenas:
eran las tuyas sobre mi huerto exhausto
por la erosión y el sol extremos.

Vendimia

Talo con hacha feroz
los brotes de tus besos,
la sierpe de tus brazos,
el entramado audaz
de tu entrepierna.

Después, culpable recojo,
cual vendimia infeliz,
en mi piel los disectos
y crueles arrebatos
de mi insolencia.

Mudanza

Sé que creía en ángeles: jovenzuelos
turbios de ojos cansinos en temprana estación,
risueños como lilas acabadas de pintar,
como bocetos que se quieren esbozar,
temerosos de Dios y de la Virgen,
vistiendo siempre una ceñida y abierta
camiseta azul.

       Hoy canto su reverso:
cuerpos robustos y ásperos de profusa
y maciza provisión que desborda mis brazos,
opacos como troncos de nunca pernoctar,
como racimos mudos a la hora de entablar
una ingestión más profunda, atroces
filones de epidermis
que arrojan contra el suelo
en pleno desgarrón su desteñida
camiseta azul.

Acogida

O es Homero: su herencia.

Yoandy Cabrera

Eh, tú, extranjero,
que maltrecho y desnudo a la escarpada
ribera de esta ínsula has llegado
y ante mí te apareces, sin que yo así lo pida,
con una espesa rama de palmera
tratando de ocultar inútilmente
tus vergüenzas de cíclope,
¿eres mortal o un dios que generoso
a plenitud se deja contemplar?

No importa: sé mi huésped
todo el tiempo que requiera tu cuerpo
de virtudes que intuyo irreprochables.
Si eres un dios, ordéname a tu antojo;
mas si mortal como yo, una promesa
mía de eternizar tu maciza hermosura
sería falsa y propia de Calipso engañosa.
He ahí que sólo pueda, acorde
con la intención divina
de que estés junto a mí,
recibirte y brindarte por respeto y con gusto

baños reparadores, aceites, los sabrosos
—mejores que ambrosía— manjares de esta tierra:
pingües corderos, cerdos y en abundancia el ron
que no conoció el dios festivo.
Y a mi lecho, además, te invitaría,
donde por fin quitada de tus miembros
la fatiga, los sientas galopar,
con oleaje y lascivia que te envidie hasta Zeus,
desde la insólita epidermis que enarbolas.

Haré entonces que inmerso en tus cabales,
semejante al Sileno que sacude
su tridente y quevedos en el lomo del mar,
me batas el torso canoso tú,
si militar, con tu pica venosa;
si ebanista, con tu fuste nervado;
si cabrero, con tu recto bastón;
si aldeano, con tu curvo machete;
si marino, con tu puño en el remo;
si aedo, con tu cítara;
si mayoral, con tu pingajo;
si vagamundo, con tu hatillo o bulto
y no de ropa,
hasta que, desvaídos los surcos seminales,
cese el temple y nos venza
la dádiva del sueño.

No te preguntaré quién eres, dónde se hallan
tu ciudad y tus padres, ni en qué nave arribaste
—porque no habrás llegado como Jesús a pie—,
ni si atracar aquí fue un error y otra playa
el Hado te asignó, donde una ninfa
testaruda no para de tejer...
No, nada de eso —digo, sin desaire a Pandora—
azuza hoy día mi curiosidad:
en carnales justas mi celo,
frente a un tonante arsenal como el tuyo,
no distingue entre tirios y troyanos
y acoge por igual a extraños y a criollos
—aunque sabios sofistas me aseguren
que un opimo instrumento
no garantiza excelsa ejecución.

Mas para aquilatar
con mayor tacto tu venida
sí debo saber antes (y por favor no emules
al doloso Odiseo, prolífico en ardides,
al sopesar ahora con tus ojos mis dones,
y respóndeme con verdad) qué buscas
y, ajeno a los estrechos inmortales,
qué propones, sin aspavientos
ni hexámetros de rígida escansión,
flexible y cóncavo entregarme
—ten presente que el anfitrión recuerda

siempre más al huésped bien acogido
que el huésped al hombre que lo acogió.

Aplaca, pues, tu desconfianza, forastero,
que bárbaro no soy ni falto de justicia,
y estas palabras prueban la firmeza
con que, humilde, al Olimpo
me rindo de las tramas.
(Si no estás convencido, seguro que tus dioses
podrán corroborar mi noble condición
y otorgarte un receso).

Hora es de establecer un pacto
si prefieres discreto, y disfrutar
cuanto de hospitalario exista entre nosotros.
Siglos te sobrarán después
para contarle al mundo
—de exigirlo Occidente—
tus correrías míticas: tu herencia.

Léxicas

1.

En este poema
iba a llamarte «ángel» y a vestirte
con los más inmarcesibles atributos,
pero cuando dijiste
que te llamabas Ángel
desistí.

2.

No me lo pintes como «efebo» o «doncel»,
mucho menos «mancebo».
Mejor acércamelo sin tales atavíos
para palparle yo mismo su denominación,
pues suelen ser engañosas las palabras
y desatar a sabiendas una ardentía
que después las cosas no logran aplacar.

3.

Si así mortal eres ya hermosa
obra de caridad,
¿cuánta verdad mayor rebosarías
siendo «inmortal»?

4.

En ti no hay sólo hermosura,
hay también «un no sé qué»
que con buena o mala fe
se disfruta mientras dura
de tu cuerpo la ventura
de existir donde se ve.

5.

Ante lo visto y lo no visto,
                    no lo visto.

Heraldo

No la presencia, materia
que tras disfrutada estorba,
sino lo ausente que toca
con terquedad a la puerta:

heraldo que nos anuncia
de lo pasado una siega,
y del futuro una siembra
que los hombres no vislumbran.

VII.
El agua se desata

Hacia el río

1.

Que se resbala, que se resbala
por la pendiente hacia el río
y teme.

¡De tener alas, de tener alas!
Pero no es otro el camino
y bebe.

2.

Vuélvese fuego el agua
viva en quien bebe
con incerteza.

Aguas

1.

De su custodia,
la Luna cae entera
en esta frágil agua
que el ciervo va a beber.

Al verla,
se alegra el animal
y aún sediento desiste
pues, ¿qué sería
la Tierra sin la noche,
y qué sería de él?

2.

En el arroyo el agua despechada
rehúsa ser hosca fluidez
y colma con su arrullo
no importa a quién ni con qué furia
en ella abreve.

Caídas

1.

Caen de dos tajos
las dos ancas de rana
para la cena.

*

Nunca asciende del río:
si acaso, baja
la luz al agua.

2.

Su nota
suicida fue a terceros:
al puente y río, anónimo.

*

Relámpago:
manotazo de Dios
sobre el techo del mundo.

Descenso

A acompañarnos
bajan al fondo
del lago las palabras.

Atráeles la violencia
de ritmo y voz
que une en el verso
—grillete de vibrátil
rocosa luz
que las liberta.

Otras prefieren
convictas naufragar,
torpes, sin pares.

Escala

Tus pasos por peldaños
de un agua maniatada.
    (La nada donde abreva
    la carne cuando encalla).

Ascenso que iniciaron
tus huellas más tempranas:
las túnicas del cuerpo,
las túnicas del alma
despojos son, querencias
cayendo por la escala.
    (La noche cuando todo
    se ahonda y te reclama).

Una vez en lo alto
el silencio arremansa:
rama eres del árbol;
del sol, rayo que abraza;
tu voz tórnase voz
del verbo que no acaba
y te hace descender
de vuelta a tu morada.
    (Avanza así la luz
    y el agua se desata).

De noche

1.

Al disponerme a dormir y con las manos
cosidas a la espesura de la noche, quiebro
lo que de día resulta entrometido y salto,
soy libre, cual fuego
que trasforma en ceniza los leños descarriados.

Todo al interior son puertas
abiertas o por abrir, son escalones
para subir y bajar a mi albedrío,
son ruidos silenciosos, sombras de luces,
vigilias de fe insomne al percibir
la osadía coral que en el cristal del sueño
se agolpa a mi costado.

2.

Es un cristal que nos separa:
velado para que no trasluzca
el gravamen del tiempo,
y de una palidez que pareciera
a punto de quebrarse,
pero eso nunca ocurrirá. Allí
navegamos fijos buscándonos

como islas a la deriva:
un promisorio cristal que nadie colorea, frágil
como la caridad y el amor, y que guarda
la imagen de una madre que perdona
nuestro haber desaprendido la inocencia.

Me acerco al cristal de noche,
cuando se asoman a él solidarios y huérfanos
cientos de rostros humanos en reclamo filial
de rebaño perdido.
Y en medio del desconcierto vislumbro
que no me hallo en un sueño
sino en la escala vidriosa de un arca que anida
la ruptura primera
y lo que esperamos sea un coro reparador,
y que no es —no puede ser— este
quebradizo velo
quien nos una y separe a la vez... No,
no puede ser.

Manojo

Rumbo al final, esa
inmensidad que logramos
construir en lo interior
no es más que un manojo
de apelativos y nombres que vencieron
la erosión del camino.

Retratos

Dicen que las ratas son reacias
al papel fotográfico,
por lo que entre los escombros
de cualquier desastre o abandono
ilesos dejan los retratos de familias
a las que luego el tiempo se encarga de corroer
sin repulsión alguna.

Independencia

I.

2018, Día de la Independencia:
entre las 9 y las 11 de la noche
un joven llamado Ángel
—esclavo, entre otros amos, de la droga—
hizo añicos un ventanal de la casa del Autor
y, aunque herido por las esquirlas,
se introdujo a robar.

Pequeñas —suficientes— manchas rojas
quedaron en el piso y las paredes,
en el espejo del cuarto, en las manijas
y los interruptores de luz.

Así fue que su sangre
lo delató un mes después:
no tiene ni veinte años y ya guarda
encono y cárcel.
          Del vecindario
depende hoy el futuro
de ese ángel.

2.

Tras el robo de casi
todas mis pertenencias
comprobé que lo único
de valor que tenía
cabe y sobra en un breve
maletín que, ni así,
podré llevar conmigo.

VIII.
Salvo la entrega

A cambio

Al frente y detrás de nosotros,
hecha de resacas y deslaves,
no un mar ni un río, sino un agua
                    insomne
            que se ahonda
        cuando incorpora
      toda zozobra o fe
sin esperar nada a cambio,
salvo la entrega.

Muerte de Lezama (en vísperas)

(una primera versión de este poema se
escribió en La Habana en febrero de
1976; Lezama muere seis meses después)

Saquen ya el ataúd y acudan los dolientes.
W. H. Auden

Común decir que tiene usted
conciencia de su destino,
de su seguro paso y del escriba
final que llevará su barca
a los juncales del río que le asigne
el ojo lunar por justa residencia.

De Trocadero a Prado,
con sigiloso rumor,
un lento carretón rumbo al silencio.
Nefasta sería
una parada a destiempo: las estrellas
no lograrían llegar con su certeza nocturna,
con su perenne música la superior esfera,
con su murmullo el viento. Una vez más
la tierra desolada.

Pero atenuará el porvenir los bandazos
de su actual desventura:
el sol que raja, el mar que nutre,
el mástil de un país hacia la ruina,
el sinsonte y las palmas que cuchichean
respirando una flor, y la flauta que «sigue
la cintura en el sueño», y su voz que tuvimos
y tendremos: todo
el apogeo del verbo en broncínea anunciación
frente a las ramplonas teñiduras de Oporto, todo
aliado por Dios en cestillos de mimbre que flotan
                    por diverso caudal
contra la ingratitud y el olvido
de un decoro hoy en día muy escaso.

Como espada de gloria para el herrero,
su palabra —eso que otros en vicio deformaron—
se ha tornado un buril que a versos labra
con jadeo de orfebre la nación.
De tanto presagiarlo su madre,
se trasfiguró usted en un roble
de corceles férreos en que estrenan
la dignidad un rubor,
el colibrí un revuelo de sonidos,
la cascada un remanso antes de desplomarse
y la patria un estilo suyo de morir
que acudirá sin falta a resguardarnos.

Ahora que se detiene su mano sobre el papel,
avanza por Prado hacia el mar —henchidos
de salud los maderos— el lento carretón...
        y usted empieza.

Decires

1.

«Tras la muerte no hay nada», creen
y a pie juntillas dicen
los que no creen.

Si acaba en nada
lo que ahora aquí es y yo escribo,
lo que no-es será todo y, ¿quién podría
describir y cómo
todo eso que no-es?

2.

Qué hábil la noche
—desfile de pasos ciegos,
de ausencias enmascaradas—
para decirlo todo
con indulgencia:

«Somos obra del tiempo»
        —sobra del tiempo
        sombra de nada,
dice en eco el silencio
que a este verso sucede.

Indescripción

Al otro lado no hay nada
y quizás sea eso la dicha:
no hay árboles de sombra presurosa
ni humo ni mar ni luz ni solitarias
hojas de otoño a la deriva.
Tampoco hay caricias allí
y aunque parezca una paz dulce,
casi piel hecha de hojuelas,
inhabitable y ruda podría ser: su reclamo
una voz muy difícil de aplacar.

Así, a mis intentos de atender su llamado
acude siempre la imagen de un deterioro.
Apenas enciendo el laptop
y en tropel las verdades,
cual perlas en su cóncava hospitalidad,
hacen a mi lengua flaquear y volverse
un balbuceo de frases e inflexiones
que anoto íncubo y mudo en el rocío
erecto que se arriesga, sin más, por el paisaje
al que corresponda esta fallida indescripción.

Venida

1.

Puede que las tinieblas se disipen,
la noche amaine
y el sol deje de ser un amago de luz.
Pero no te confíes ni detengas:
por entre los espinos
la luz penetrará tan sólo cuando
nuestro Señor nos venga a reclamar.

2.

Por doquier llegan al barco señales:
pájaros que vienen de lo desconocido trayendo
un olor a Tierra Firme en los ojos, ramas
que el duro mar avejentó y aún florecen,
lumbres con alas, chasquidos
de azotado cristal bajo los pasos
de un peregrino que avanza hacia nosotros
con oleaje a favor, en un materno
        vaivén que nos anuncia
el promisorio término o preludio del viaje.

Ahora es saber por fin cuál es,
        dónde está el puerto y cuándo
desembarcar.

Los dos Jesús
(San Marcos 14:51-52, 16:5)

> Serás en todo el mundo un pescador de
> hombres.
>
>   Agustín Acosta

Sí, mi Señor, haya en mí tu certeza
consintiendo las flechas de mi aljaba,
que al lanzarlas sin ti yo disparaba
sin blanco que atajara mi torpeza.

Haya en las turbias barcas perdidizas
mi brújula apuntando a tu alcazaba,
que al navegar sin ti yo naufragaba
sin puerto que atizara mis cenizas.

Y haya en mi sed de ti una llama austera
derramando tu ser desamarrado
de la alta cruz en que sacrificado
el amor yo por fin reconociera.

Háyalas sí, pues no te faltaré
aun cuando me aplaces el ansiado
jardín donde ocultaste tus pudores.
Yo sabré perseguirte entre las flores,

florecerme sabré y, polinizado
por ti, esparcirme en genital tributo:
viscosa savia llevaré al costado
y como fiel mancebo tus sabores
—en complaciente fruto—
a los hombres daré,
una vez a sus troncos reclinado.

Sombra tuya también seré y vocero:
torre que anuncia tu sabiduría
por este valle artero.
Y sea cargando yo más leve cruz
en el destierro, o menos ambrosía,
véngase a mí tu afán hospitalero
y hazme ser tu Jesús,
que no habrá angosta ni secreta vía
que por tu abrazo no fatigaré.

Vida

I.

Reincidente la vida
ejecuta su crimen
con adicta fruición.

Algo amputado
de un tajo: un madrigal
de apenas «ojos claros», una astilla
de un árbol, de un madero,
un vocablo perdido en una súplica
o una fecha borrosa en una anónima
lápida en vilo —común Venus
de Milo.

2.

Renunció a la vida, es decir, no tiene
dónde cobijarse.

3.

Te dejo el sol, todo el sol, tan lejano.
Y como un sueño adulto que abdica
recojo mi cuerpo con esta prevención:
«Tampoco tú eres eterno».

4.

En la mañana salgo
a andar entre las piedras.
Por la tarde, en la arena.
De noche —cuando nadie
me observa—, sobre el mar.

5.

Allí donde sucede la palabra «vida»
se han visto alciones remontando el mar
sin nunca imaginarse de regreso.

Imágenes

(Llevar por los bazares mi imagen...

Basta ya de imaginarme:
sin más demora comienzo
a vivir en los espejos.

En los espejos me asomo
a un hombre que no soy yo,
aunque seamos el mismo.

Después, Narciso fatal,
mi imagen busco en el río
—que acostumbra ser un lío
de enfermiza opacidad.

Y renunciando al reflejo
de tan falsos cristalinos
repienso todo y decido
imaginarme de nuevo.

...y vendérsela al peor postor)

Poesía

Permiso para dejar de escribir.
Estos trazos no cuentan:
son de una lengua en peligro de extinción
por estarse malgastando en algo
que aún insiste en llamarse poesía.

Postscriptum

Quién hemos sido, quién seremos
perpetuamente, un ser ante el que el hombre
más bien siente extrañeza y descontento.

Juan Gil-Albert

Ante el espejo

1.

Anoche, solo en mi cuarto, lo vi:
era un hombre trigueño, de tamaño normal,
que me observaba desde el espejo.
Vestía de gris, como un oficinista cualquiera,
sin seña particular alguna
o no alcancé a notarla,
porque al saberse sorprendido
se ocultó veloz tras la cortina
que hay en mi realidad o en su reflejo.

2.

Sin provecho he registrado
un par de veces la casa.
No queda duda: hay alguien
—alguien que no soy yo—
en el espejo del cuarto.
Nada sé de él, excepto que lo descubrí
por azar en una ocasión,
mas puede que haya estado ahí siempre
y sepa todo de mí y hasta de los cinco o seis intrusos
que pasaron frente al cristal
con la misma premura con que anduvieron
por mi vida.

Me pregunto qué hacer en adelante
con tal intromisión en mis asuntos.
Es obvio que a nadie le podré contar
ni consultar lo sucedido
y lo más viable sea registrarlo aquí,
en la pantalla en blanco.

3.

Tras varias semanas oculto,
resurgió anteayer donde mismo
y en lugar de esconderse nervioso
tomó, como si desafiara lo real, una silla
del reflejo, y con los ojos puestos en mí
se sentó simulando normalidad
y sonriendo de modo indescifrable.

Desde entonces permanece así,
sin aventurar (creo) otro ademán.
Tampoco yo me he detenido a observarlo
más de lo que permite mi breve
y rutinario tránsito por este lado del espejo.

4.

Viernes: con ánimo de provocarlo,
lo encaré.
Él al principio ni se inmutó,

después se levantó y avanzó hacia mí
mientras movía los labios
como diciéndome algo.

Difícil entenderlo:
no estamos en esos filmes mudos
con carteles que facilitan la comprensión.
Apenas somos dos hombres cara a cara
y sin nada en común, salvo observarnos
a través de un cristal inquisitivamente.

Fijo y mudo de nuevo, se limitó a ver cómo yo,
empañado por el previsto fracaso,
me aproximaba al abismo del azogue.
(Quizás en sus adentros se reía).
Resolví acostarme: «Ya encontraré mañana
una vía eficaz de comunicarnos», me dije,
como despidiéndome de él al mover
ahora yo los labios.

5.

Por si luego interesa,
apunto lo que acabo de percibir:
desde que mi visitante decidió no ocultarse
yo no aparezco en su espejo.
En otros sí me reflejo sin problemas
—tampoco es este un filme de vampiros.

6.

No insisto más: él sigue impávido
y yo acostumbrándome.
Entretanto, me consuela saber
que, diferente al cuento de Cortázar,
es una lámina, no una pecera,
lo que nos une o separa,
y por suerte mi acompañante
es más atractivo que un ajolote.
De hecho, bajo otras circunstancias
y víctimas de la rutina,
hasta la habríamos pasado de maravillas.

7.

Una semana más y nada que reportar.
Como he preferido no salir,
me invento acertijos
para sobrellevar el tiempo, hora tras hora.

*

*¿Qué buscas
sin cesar en mí, qué escudriñas
en cada movimiento que hago,
como si sentarme y sonreírme no fuera
lo más normal del mundo,
y no ese enigma caprichoso*

que aquí pretendes revelar?
¿Por qué tanto desasosiego
ante lo que no te refleja?
¿Acaso has llegado a comprender
lo mucho desconocido aún sobre tu propia
imagen y semejanza en el Espejo Mayor?
Mejor vete a pasear por el barrio
y déjame en paz...

8.

Tras extraviárseme por varios días,
recuperé ayer —gracias a Dios— este diario:
una mancha en el cristal
me lo descubrió sepultado bajo un montón de papeles
entre un baúl y la pared del fondo.
Hojeándolo, no recuerdo haber escrito
el apunte anterior,
si bien hace meses que la memoria me falla.

9.

Veo moverse al enviado
—no sé si deba llamarlo así—
y ponerse de espaldas:
si su encomienda era yo,
parece que se ha insubordinado.

Sospecho que en cualquier instante,
igual que apareció, desaparezca,
o falte yo y no venga nadie a dar
testimonio de su existencia.
Y aun cuando haya alguien, ese amago
de puerta que su presencia entreabrió
tal vez esté destinado sólo a mí
y fácil podría, si me descuido, cerrarse.

10.

Otra jornada perdida.
A ver si salgo a caminar un poco
o entro al cine de enfrente. Están pasando
La carreta fantasma, de Sjöström.

11.

Para estar más pendiente de sus acciones
traje una silla y me senté a observarlo.
(No lo imagino una visión infranqueable).
Por no ser dado a la meditación sedente,
traje también mi laptop, un termo de café
y los *Diarios* de Kafka que llevo años leyendo.

12.

Creo que es diciembre
pero no estoy seguro del día.

De la hora sí: las doce.
Mientras vigilo, leo: «26 de agosto de 1922:
dos meses sin hacer ninguna anotación»,
y no muy lejos escucho intermitente
el nórdico rechinar de unos ejes sin engrasar.

13.

Sin novedad ni rastro de nada.

14.

Cada vez que miro el reloj
sus manecillas —vueltas una— marcan las doce.
Tampoco cambia mi huésped:
sigue de espaldas o, mejor dicho,
dándome la espalda.

Y si al darme la espalda a mí,
estuviera frente a otro que no soy yo:
un tercero, ¿que habitaría dónde?
O ante otro mundo,
          ¿que sería cuál?

15.

Me pregunto si estará preso en el vidrio
y descubro cuán afortunado soy yo que, de quererlo,
podría abandonar el cuarto y hasta la casa.

Mas si es guardián, ¿por qué me vigila?,
¿quién le habrá ordenado vigilar?,
¿hay otros después de él?, ¿estoy
ante un final o un inicio?

16.

Así inmóvil, casi petrificado,
sus posibles mudanzas serían las uñas,
el pelo y la comba de la espalda.

17.

Anoche, en el sueño, lo divisé perdido
en un vasto desierto anaranjado...
Y de repente, invicta, una arenilla
despertó en mis sandalias.

18.

En las últimas dos o tres semanas
—no alcanzo a precisarlo—
el teléfono y el timbre de la puerta
han sonado en varias ocasiones.
Prefiero no responder
y me mantengo expectante
malcomiendo y escribiendo
sobre lo que (intuyo) no mudará.

19.

Siento que me han crecido mucho
el cabello y la barba, y la columna
se me oxida tanto tiempo sentado.
Con gran esfuerzo logro permanecer,
además de alerta, erguido.
No sé qué esperar de todo esto.

20.

Lo aprendido:
como reflejo o sombra, él dependía de mí;
hoy, como imagen, dependemos uno del otro.

21.

Entiendo que deshacerme del espejo
pueda considerarse un acto de cobardía;
y un exabrupto, lanzarme contra él.
Me entrego, pues, a pulirlo, a conservarlo
claro y distinto,
sin polvo ni mancha ni rajadura.
A fin de cuentas, es la única verdad
que existe entre nosotros.

22.

A veces temo tocar el vidrio y se crea
que estoy llamando

para preguntarle quién es,
y le oiga decir «Soy quien soy»
o «Soy tú mismo».

23.

Molesto por el ruido y los cambios de luz,
desconecté el timbre y el teléfono
y tranqué todas las puertas y ventanas de la casa.
En este encierro, sólo un vaho oxidante
podría interponerse entre nosotros,
pero el cristal es inmune a toda herrumbre
y por estos rumbos, según recuerdo, ni llueve.

24.

Y cuando se imponga el silencio
sobre este viscoso chirreo enceguecedor,
¿quién y para quiénes
qué testimonio
dará de mí?

25.

Lo que más escucho y peligra
es mi respiración
empañando el azogue.

26.

En esta neblina contagiosa
donde no necesito decir ni ser dicho,
tampoco he de corroborar si afuera
persisten en continuar adictas
a su innata sucesión las palabras
y, sin reflejarse en ellas, los seres
y las cosas.

Catálogo Bokeh

Abreu, Juan (2017): *El pájaro*. Leiden: Bokeh.

Aguilera, Carlos A. (2016): *Asia Menor*. Leiden: Bokeh.

— (2017): *Teoría del alma china*. Leiden: Bokeh.

Aguilera, Carlos A. & Morejón Arnaiz, Idalia (eds.) (2017): *Escenas del yo flotante. Cuba: escrituras autobiográficas*. Leiden: Bokeh.

Alabau, Magali (2017): *Ir y venir. Poesía reunida 1986-2016*. Leiden: Bokeh.

— (2019): *Mordazas*. Leiden: Bokeh.

Alcides, Rafael (2016): *Nadie*. Leiden: Bokeh.

Andrade, Orlando (2015): *La diáspora (2984)*. Leiden: Bokeh.

Armand, Octavio (2016): *Concierto para delinquir*. Leiden: Bokeh.

— (2016): *Horizontes de juguete*. Leiden: Bokeh.

— (2016): *origami*. Leiden: Bokeh.

Aroche, Rito Ramón (2016): *Límites de alcanía*. Leiden: Bokeh.

Atencio, Caridad (2018): *Desplazamiento al margen*. Leiden: Bokeh.

Ávila Villamar, Carlos (2025): *Nueve ficciones*. Gainesville: Bokeh.

Barquet, Jesús J. (2018): *Aguja de diversos*. Leiden: Bokeh.

Blanco, María Elena (2016): *Botín. Antología personal 1986-2016*. Leiden: Bokeh.

Caballero, Atilio (2016): *Rosso lombardo*. Leiden: Bokeh.

— (2018): *Luz de gas*. Leiden: Bokeh.

Calderón, Damaris (2017): *Entresijo*. Leiden: Bokeh.

Castaños, Diana (2019): *Yo sé por qué bala la oveja mansa*. Leiden: Bokeh.

— (2019): *The Price of Being Young*. Leiden: Bokeh.

Cataño, José Carlos (2019): *El cónsul del Mar del Norte*. Leiden: Bokeh.

Cino, Luis (2022): *Volver a hablar con Nelson*. Leiden: Bokeh.

Columbié, Ena (2019): *Piedra*. Leiden: Bokeh.

CONTE, Rafael & CAPMANY, José M. (2019): *Guerra de razas. Negros contra blancos en Cuba*. Leiden: Bokeh | colección Mal de archivo.

DÍAZ DE VILLEGAS, Néstor (2015): *Buscar la lengua. Poesía reunida 1975-2015*. Leiden: Bokeh.

— (2015): *Cubano, demasiado cubano. Escritos de transvaloración cultural*. Leiden: Bokeh.

— (2017): *Sabbat Gigante. Libro primero: Hojas de Rábano*. Leiden: Bokeh.

— (2018): *Sabbat Gigante. Libro segundo: Saigón*. Leiden: Bokeh.

ESPINOSA, Lizette (2019): *Humo*. Leiden: Bokeh.

FERNÁNDEZ, María Cristina (2025): *En el nombre de la rusa*. Gainesville: Bokeh.

FERNÁNDEZ LARREA, Abel (2015): *Buenos días, Sarajevo*. Leiden: Bokeh.

— (2015): *El fin de la inocencia*. Leiden: Bokeh.

FERRER, Jorge (2016): *Minimal Bildung. Veintinueve escenas para una novela sobre la inercia y el olvido*. Leiden: Bokeh.

GALINDO, Moisés (2019). *Catarsis*. Leiden: Bokeh.

GARBATZKY, Irina (2016): *Casa en el agua*. Leiden: Bokeh.

GARCÍA, Gelsys (2016): *La Revolución y sus perros*. Leiden: Bokeh.

GARCÍA, Gelsys (ed.) (2017): *Anuncia Freud a María. Cartografía bíblica del teatro cubano*. Leiden: Bokeh.

GARCÍA OBREGÓN, Omar (2018): *Fronteras: ¿el azar infinito?* Leiden: Bokeh.

— (2025): *66 décimas para cuerdas migratorias*. Gainesville: Bokeh.

GARRANDÉS, Alberto (2015): *Las nubes en el agua*. Leiden: Bokeh.

GINORIS, Gino (2018): *Yale*. Leiden. Bokeh.

GÓMEZ CASTELLANO, Irene (2015): *Natación*. Leiden: Bokeh.

GUERRA, Germán (2017): *Nadie ante el espejo*. Leiden: Bokeh.

GUTIÉRREZ COTO, Amauri (2017): *A las puertas de Esmirna*. Leiden: Bokeh.

HÄSSLER, Rodolfo (2019): Cabeza de ébano. Leiden: Bokeh.

HERNÁNDEZ BUSTO, Ernesto (2016): *La sombra en el espejo. Versiones japonesas*. Leiden: Bokeh.

— (2016): *Muda*. Leiden: Bokeh.

— (2017): *Inventario de saldos. Ensayos cubanos*. Leiden: Bokeh.

HERRERA, Alcides (2022): *Canciones iguales*. Leiden: Bokeh.

HERRERA, José María (2025): *La musa política*. Gainesville: Bokeh.

HONDAL, Ramón (2019): *Scratch*. Leiden: Bokeh.

— (2020): *La caja*. Leiden: Bokeh

HURTADO, Orestes (2016): *El placer y el sereno*. Leiden: Bokeh.

INGUANZO, Rosie (2018): *La Habana sentimental*. Leiden: Bokeh.

JESÚS, Pedro de (2017): *La vida apenas*. Leiden: Bokeh.

LAGE, Jorge Enrique (2015): *Vultureffect*. Leiden: Bokeh.

LAMAR SCHWEYER, Alberto (2018): *Ensayos sobre poética y política. Edición y prólogo de Gerardo Muñoz*. Leiden: Bokeh | colección Mal de archivo.

LUKIĆ, Neva (2018): *Endless Endings*. Leiden: Bokeh.

MARQUÉS DE ARMAS, Pedro (2015): *Óbitos*. Leiden: Bokeh.

MÉNDEZ ALPÍZAR, L. Santiago (2016): *Punto negro*. Leiden: Bokeh.

MIRANDA, Michael H. (2017): *Asilo en Brazos Valley*. Leiden: Bokeh.

MORALES, Osdany (2015): *El pasado es un pueblo solitario*. Leiden: Bokeh.

— (2018): *Zozobra*. Leiden: Bokeh.

— (2023): *Lengua materna*. Leiden: Bokeh.

NARANJO, Carlos I. (2019): *Los cantos de Pandora*. Leiden: Bokeh.

PADILLA, Damián (2016): *Phana*. Leiden: Bokeh.

PEREIRA, Manuel (2015): *Insolación*. Leiden: Bokeh.

PÉREZ, César (2024): *La capital del sol. Tragicomedia en tres actos*. Leiden: Bokeh.

PÉREZ CINO, Waldo (2015): *Aledaños de partida*. Leiden: Bokeh.

— (2015): *El amolador*. Leiden: Bokeh.

— (2015): *La isla y la tribu*. Leiden: Bokeh.

— (2019): *Apuntes sobre Weyler*. Leiden: Bokeh.

PONTE, Antonio José (2017): *Cuentos de todas partes del Imperio*. Leiden: Bokeh.

— (2018): *Contrabando de sombras*. Leiden: Bokeh.

Portela, Ena Lucía (2016): *El pájaro: pincel y tinta china*. Leiden: Bokeh.

— (2016): *La sombra del caminante*. Leiden: Bokeh.

— (2020): *Cien botellas en una pared*. Leiden: Bokeh.

Quintero Herencia, Juan Carlos (2016): *El cuerpo del milagro*. Leiden: Bokeh.

Ribalta, Aleisa (2018): *Talús / Talud*. Leiden: Bokeh.

Rodríguez, Reina María (2016): *El piano*. Leiden: Bokeh.

— (2018): *Poemas de navidad*. Leiden: Bokeh.

Saab, Jorge (2019): *La zorra y el tiempo*. Leiden: Bokeh.

Salcedo Maspons, Jorge (2025): *Memoria de eso*. Gainesville: Bokeh.

Sánchez Mejías, Rolando (2016): *Mecánica celeste. Cálculo de lindes 1986-2015*. Leiden: Bokeh.

Saunders, Rogelio (2016): *Crónica del decimotercero*. Leiden: Bokeh.

Starke, Úrsula (2016): *Prótesis. Escrituras 2007-2015*. Leiden: Bokeh.

Timmer, Nanne (2018): *Logopedia*. Leiden: Bokeh.

Valdés Zamora, Armando (2017): *La siesta de los dioses*. Leiden: Bokeh.

Valencia, Marelys (2021): *Peregrinaje en tres lapsos | Pilgrimage in Three Lapses*. Leiden: Bokeh.

— (2023): *Santuario de narcisos en ayunas | Sanctuary of Fasting Daffodils*. Traducción de Peter Nadler. Leiden: Bokeh.

Vega Serova, Anna Lidia (2018): *Anima fatua*. Leiden: Bokeh.

Villaverde, Fernando (2016): *La irresistible caída del muro de Berlín*. Leiden: Bokeh.

— (2016): *Los labios pintados de Diderot*. Leiden: Bokeh.

Williams, Ramón (2019): *A dónde*. Leiden: Bokeh.

Wittner, Laura (2016): *Jueves, noche. Antología personal 1996-2016*. Leiden: Bokeh.

Zequeira, Rafael (2017): *El winchester de Durero*. Leiden: Bokeh.

— (2020): *El palmar de los locos*. Leiden: Bokeh.

www.ingramcontent.com/pod-product-compliance
Lightning Source LLC
Chambersburg PA
CBHW032228080426
42735CB00008B/757